Schule - el colegio	2
Reise - el viaje	5
Transport - el transporte	8
Stadt - la ciudad	10
Landschaft - el paisaje	14
Restaurant - el restaurante	17
Supermarkt - el supermercado	20
Getränke - las bebidas	22
Essen - la comida	23
Bauernhof - la granja	27
Haus - la casa	31
Wohnzimmer - el living	33
Küche - la cocina	35
Badezimmer - el baño	38
Kinderzimmer - el cuarto de los chicos	42
Kleidung - la ropa	44
Büro - la oficina	49
Wirtschaft - la economía	51
Berufe - las ocupaciones	53
Werkzeuge - las herramientas	56
Musikinstrumente - los instrumentos musicales	57
Zoo - el zoológico	59
Sport - los deportes	62
Aktivitäten - las actividades	63
Familie - la familia	67
Körper - el cuerpo	68
Spital - el hospital	72
Notfall - la emergencia	76
Erde - la Tierra	77
Uhr - el reloj	79
Woche - la semana	80
Jahr - el año	81
Formen - las formas	83
Farben - colores	84
Gegenteile - los opuestos	85
Zahlen - los números	88
Sprachen - los idiomas	90
wer / was / wie - quién / qué / cómo	91
wo - dónde	92

AF005423

Impressum
Verlag: BABADADA GmbH, Nedderfeld 112 , 22529 Hamburg
Geschäftsführer / Verlagsleitung: Harald Hof
Druck: Books on Demand GmbH, In de Tarpen 42, 22848 Norderstedt

Imprint
Publisher: BABADADA GmbH, Nedderfeld 112 , 22529 Hamburg, Germany
Managing Director / Publishing direction: Harald Hof
Print: Books on Demand GmbH, In de Tarpen 42, 22848 Norderstedt, Germany

Schule
el colegio

- dividieren / dividir
- Tafel / el pizarrón
- Klassenzimmer / el aula
- Schulhof / el patio de la escuela
- Lehrer / el maestro
- Papier / el papel
- schreiben / escribir
- Stift / la birome
- Schreibtisch / el escritorio
- Lineal / la regla
- Buch / el libro
- Schüler / el alumno

Schultasche
la mochila

Federmappe
la caja de lápices

Bleistift
el lápiz

Bleistiftspitzer
el sacapuntas

Radierer
la goma de borrar

Zeichenblock
el bloc de dibujo

Zeichnung
el dibujo

Pinsel
el pincel

Malkasten
la caja de pinturas

Schere
la tijera

Klebstoff
el pegamento

Übungsheft
el cuaderno de ejercicios

Hausübung
la tarea

Zahl
el número

addieren
sumar

subtrahieren
restar

multiplizieren
multiplicar

rechnen
calcular

Buchstabe
la letra

Alphabet
el alfabeto

Wort
la palabra

Schule - el colegio

Text	lesen	Kreide
el texto	leer	la tiza

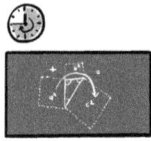  

Unterrichtsstunde	Klassenbuch	Prüfung
la lección	el cuaderno de clase	el examen

Zeugnis	Schuluniform	Ausbildung
el certificado	el uniforme escolar	la educación

Lexikon	Universität	Mikroskop
la enciclopedia	la universidad	el microscopio

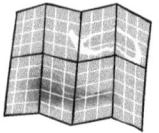 

Karte	Papierkorb
el mapa	el tacho de basura

Schule - el colegio

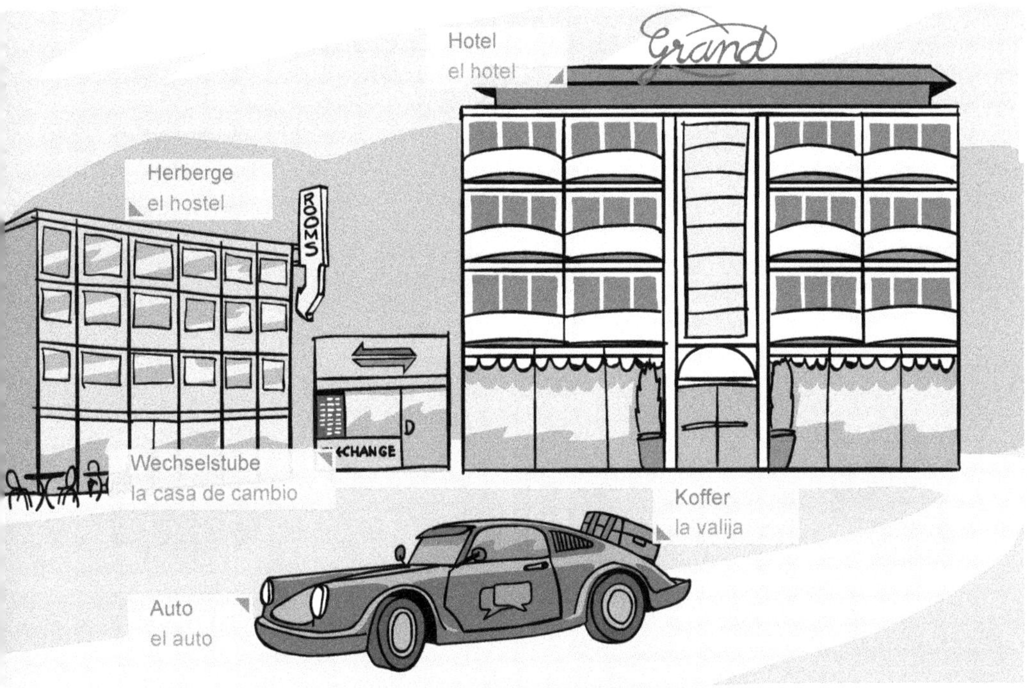

Reise
el viaje

Hotel — el hotel
Herberge — el hostel
Wechselstube — la casa de cambio
Koffer — la valija
Auto — el auto

Sprache
el idioma

ja / nein
si / no

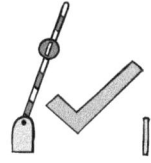

Okay
Está bien

Hallo
hola

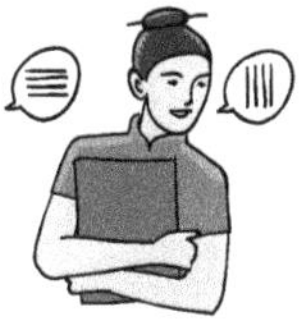

Dolmetscherin
el traductor

Danke
Gracias

Wie viel kostet …?
¿cuánto cuesta…?

Ich verstehe nicht.
No entiendo

Problem
el problema

Guten Abend!
¡Buenas tardes!

Guten Morgen!
¡Buenos días!

Gute Nacht!
¡Buenas noches!

Auf Wiederschaun!
adiós

Richtung
la dirección

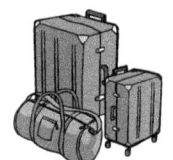

Gepäck
el equipaje

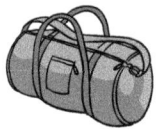

Tasche
el bolso

Rucksack
la mochila

Gast
el invitado

Zimmer
la habitación

Schlafsack
la bolsa de dormir

Zelt
la carpa

Reise - el viaje

Touristeninformation

la información turística

Strand

la playa

Kreditkarte

la tarjeta de crédito

Frühstück

el desayuno

Mittagessen

el almuerzo

Abendessen

la cena

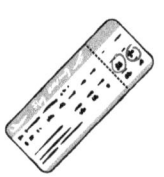

Fahrkarte

el pasaje

Lift

el ascensor

Briefmarke

el sello

Grenze

la frontera

Zoll

la aduana

Botschaft

la embajada

Visum

la visa

Pass

el pasaporte

Reise - el viaje

Transport
el transporte

- Flugzeug — el avión
- Schiff — el barco
- Feuerwehrauto — la autobomba
- Bus — el colectivo
- Lastwagen — el camión
- Motorboot — la lancha a motor
- Auto — el auto
- Fahrrad — la bicicleta

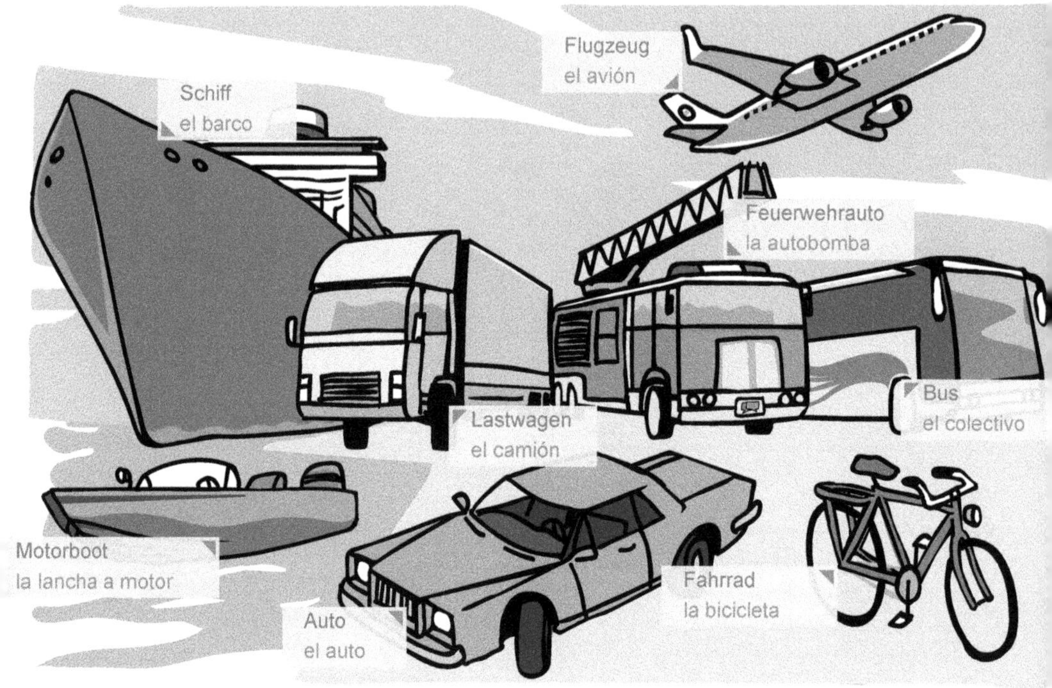

Fähre
el ferry

Boot
el bote

Motorrad
la moto

Polizeiauto
el patrullero

Rennauto
el auto de carreras

Mietwagen
el auto de alquiler

Transport - el transporte

Carsharing

el alquiler de autos

Abschleppwagen

la grúa

Müllwagen

el camión de la basura

Motor

el motor

Kraftstoff

la nafta

Tankstelle

la estación de servicio

Verkehrsschild

la señal de tránsito

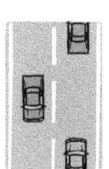

Verkehr

el tránsito

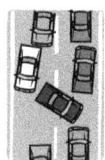

Stau

el embotellamiento

Parkplatz

el estacionamiento

Bahnhof

la estación de tren

Schienen

las vías

Zug

el tren

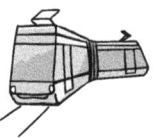

Straßenbahn

el tranvía

Wagon

el vagón

Hubschrauber
el helicóptero

Flughafen
el aeropuerto

Tower
la torre

Passagier
el pasajero

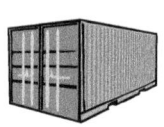
Container
el contenedor

Karton
la caja de cartón

Rollwagen
la carretilla

Korb
la canasta

starten / landen
despegar / aterrizar

Stadt
la ciudad

Dorf
el pueblo

Stadtzentrum
el centro de la ciudad

Haus
la casa

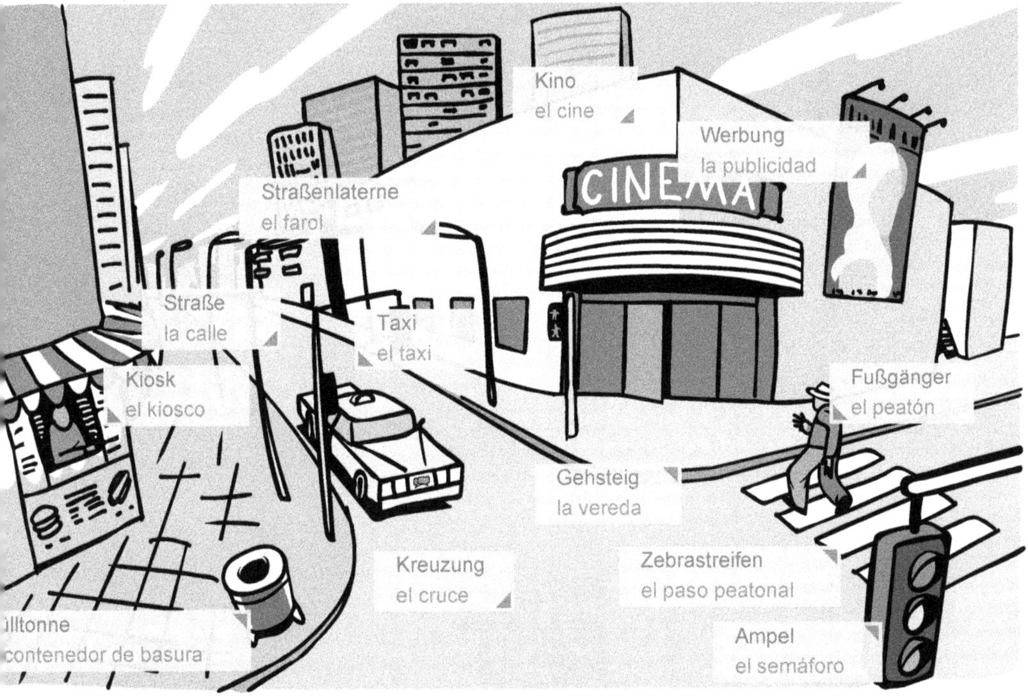

Kino — el cine
Werbung — la publicidad
Straßenlaterne — el farol
Straße — la calle
Taxi — el taxi
Kiosk — el kiosco
Fußgänger — el peatón
Gehsteig — la vereda
Kreuzung — el cruce
Zebrastreifen — el paso peatonal
Ampel — el semáforo
Mülltonne — el contenedor de basura

Hütte
la cabaña

Wohnung
el departamento

Bahnhof
la estación de tren

Rathaus
la municipalidad

Museum
el museo

Schule
el colegio

Stadt - la ciudad

 Universität la universidad	 Bank el banco	 Spital el hospital
 Hotel el hotel	 Apotheke la farmacia	 Büro la oficina
 Buchhandlung la librería	 Geschäft el negocio	 Blumenladen la florería
 Supermarkt el supermercado	 Markt el mercado	 Kaufhaus las grandes tiendas
 Fischhändler la pescadería	 Einkaufszentrum el centro comercial	 Hafen el puerto

Stadt - la ciudad

Park
el parque

Bank
el banco

Brücke
el puente

Stiege
las escaleras

U-Bahn
el subte

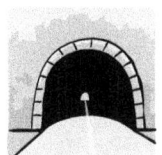
Tunnel
el túnel

Bushaltestelle
la parada del colectivo

Bar
el bar

Restaurant
el restaurante

Briefkasten
el buzón

Straßenschild
el letrero

Parkuhr
el parquímetro

Zoo
el zoológico

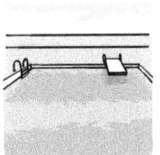
Badeanstalt
la pileta

Moschee
la mezquita

Stadt - la ciudad

Bauernhof
la granja

Umweltverschmutzung
la contaminación

Friedhof
el cementerio

Kirche
la iglesia

Spielplatz
los juegos infantiles

Tempel
el templo

Landschaft
el paisaje

Blatt — la hoja
Wegweiser — el poste indicador
Weg — el camino
Wiese — la pradera
Stein — la piedra
Baum — el árbol
Wanderer — el excursionista
Fluss — el río
Gras — la hierba
Blume — la flor

Tal
el valle

Hügel
la montaña

See
el lago

Wald
el bosque

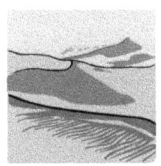
Wüste
el desierto

Vulkan
el volcán

Schloss
el castillo

Regenbogen
el arco iris

Pilz
el champiñón

Palme
la palmera

Moskito
el mosquito

Fliege
la mosca

Ameise
la hormiga

Biene
la abeja

Spinne
la araña

Landschaft - el paisaje

Käfer	Frosch	Eichhörnchen
el escarabajo	la rana	la ardilla

Igel	Hase	Eule
el erizo	la liebre	la lechuza

Vogel	Schwan	Wildschwein
el pájaro	el cisne	el jabalí

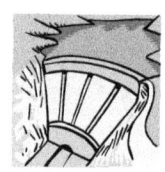

Hirsch	Elch	Staudamm
el ciervo	el alce	la presa

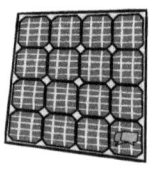

Windrad	Solarmodul	Klima
el aerogenerador	el panel solar	el clima

Landschaft - el paisaje

Restaurant
el restaurante

- Kellner / el mozo
- Speisekarte / el menú
- Sessel / la silla
- Suppe / la sopa
- Pizza / la pizza
- Besteck / los cubiertos
- Tischdecke / el mantel

Vorspeise
la entrada

Hauptgericht
el plato principal

Nachspeise
el postre

Getränke
las bebidas

Essen
la comida

Flasche
la botella

Fastfood

la comida rápida

Streetfood

la comida callejera

Teekanne

la tetera

Zuckerdose

la azucarera

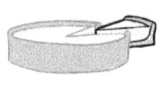

Portion

la porción

Espressomaschine

la cafetera expreso

Kinderstuhl

la sillita alta

Rechnung

la cuenta

Tablett

la bandeja

Messer

el cuchillo

Gabel

el tenedor

Löffel

la cuchara

Teelöffel

la cucharita

Serviette

la servilleta

Glas

el vaso

Restaurant - el restaurante

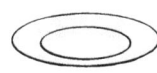

Teller
el plato

Suppenteller
el plato hondo

Untertasse
el plato

Sauce
la salsa

Salzstreuer
el salero

Pfeffermühle
el molinillo de pimienta

Essig
el vinagre

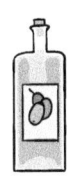

Öl
el aceite

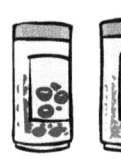

Gewürze
las especias

Ketchup
el kétchup

Senf
la mostaza

Mayonnaise
la mayonesa

Restaurant - el restaurante

Supermarkt
el supermercado

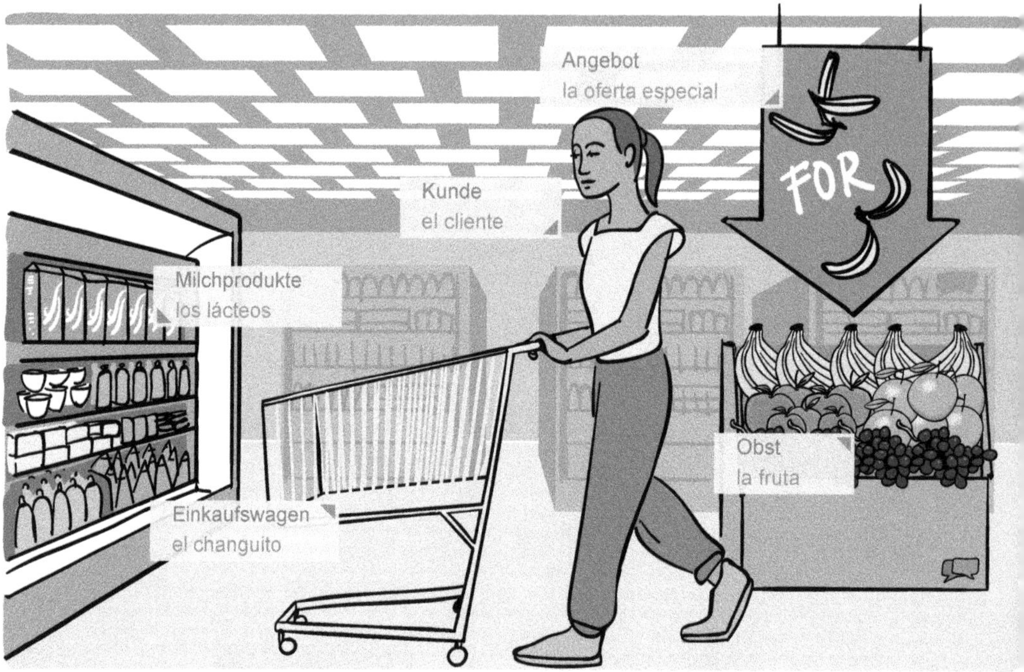

Angebot
la oferta especial
FOR
Kunde
el cliente
Milchprodukte
los lácteos
Obst
la fruta
Einkaufswagen
el changuito

BUTCHERS

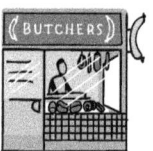

Schlachterei

la carnicería

BAKERY

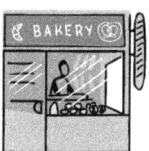

Bäckerei

la panadería

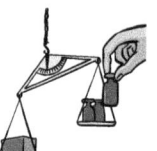

wiegen

pesar

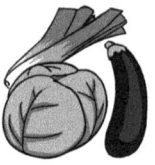

Gemüse

las verduras

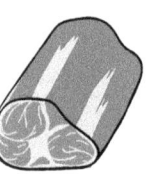

Fleisch

la carne

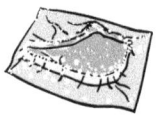

Tiefkühlkost

los alimentos congelados

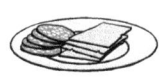

Aufschnitt

los fiambres

Konserven

los alimentos enlatados

Waschmittel

el detergente en polvo

Süßigkeiten

las golosinas

Haushaltsartikel

los electrodomésticos

Reinigungsmittel

productos de limpieza

Verkäuferin

la vendedora

Kassa

la caja

Kassiererin

el cajero

Einkaufsliste

la lista de compras

Öffnungszeiten

el horario de atención

Brieftasche

la billetera

Kreditkarte

la tarjeta de crédito

Tasche

la cartera

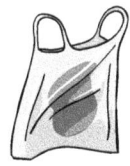

Plastiktüte

la bolsa de plástico

Supermarkt - el supermercado

Getränke
las bebidas

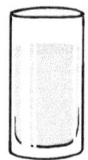
Wasser
el agua

Saft
el jugo

Milch
la leche

Cola
la bebida cola

Wein
el vino

Bier
la cerveza

Alkohol
el alcohol

Kakao
el cacao

Tee
el té

Kaffee
el café

Espresso
el café expreso

Cappuccino
el cappuccino

Essen
la comida

Banane
la banana

Apfel
la manzana

Orange
la naranja

Melone
el melón

Zitrone
el limón

Karotte
la zanahoria

Knoblauch
el ajo

Bambus
el bambú

Zwiebel
la cebolla

Pilz
el champiñón

Nüsse
las nueces

Nudeln
los fideos

Spaghetti	Reis	Salat
los tallarines	el arroz	la ensalada

Pommes frites	Bratkartoffeln	Pizza
las papas fritas	las papas fritas	la pizza

Hamburger	Sandwich	Schnitzel
la hamburguesa	el sándwich	el churrasco

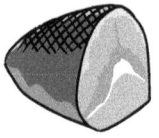

Schinken	Salami	Wurst
el jamón	el salame	la salchicha

Huhn	Braten	Fisch
el pollo	el asado	el pescado

Essen - la comida

Haferflocken

los copos de avena

Müsli

el muesli

Cornflakes

los copos de maíz

Mehl

la harina

Croissant

la medialuna

Semmel

el pancito

Brot

el pan

Toast

la tostada

Kekse

las galletitas

Butter

la manteca

Topfen

la cuajada

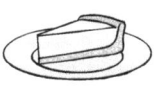

Kuchen

la torta

Ei

el huevo

Spiegelei

el huevo frito

Käse

el queso

Essen - la comida

Eiscreme	Zucker	Honig
el helado	el azúcar	la miel

Marmelade	Schokoladenaufstrich	Curry
la mermelada	la pasta de chocolate	el curry

Essen - la comida

Bauernhof
la granja

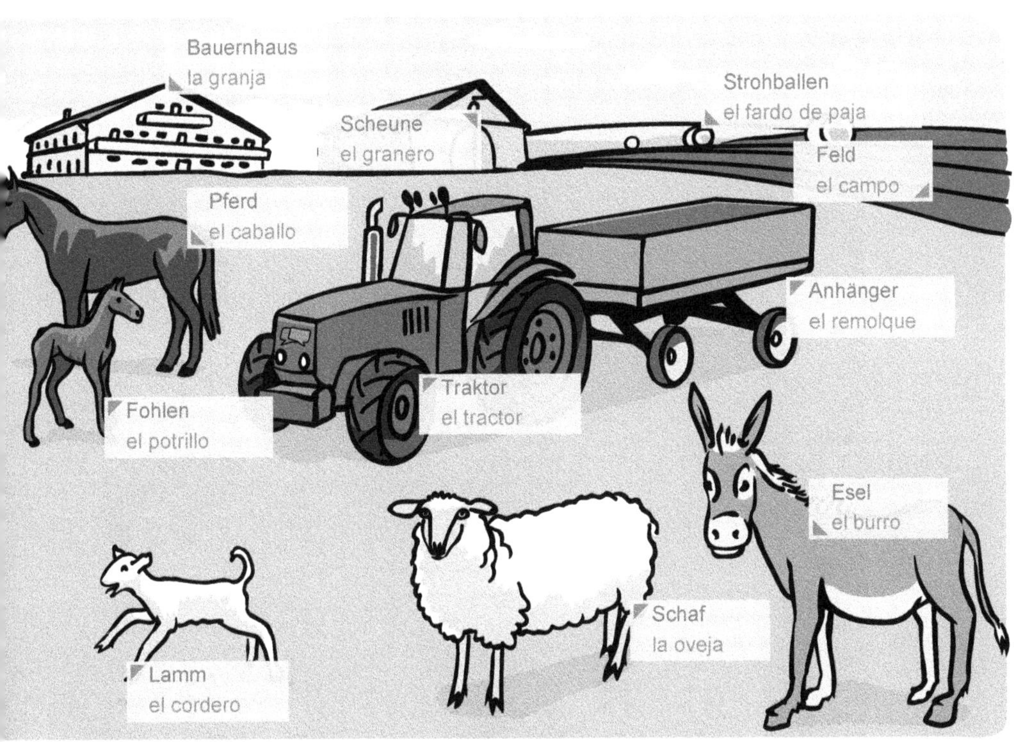

Bauernhaus
la granja

Scheune
el granero

Strohballen
el fardo de paja

Feld
el campo

Pferd
el caballo

Anhänger
el remolque

Fohlen
el potrillo

Traktor
el tractor

Esel
el burro

Lamm
el cordero

Schaf
la oveja

Ziege

la cabra

Kuh

la vaca

Kalb

el ternero

Schwein

el cerdo

Ferkel

el lechón

Stier

el toro

Gans
el ganso

Ente
el pato

Küken
el pollo

Huhn
la gallina

Hahn
el gallo

Ratte
la rata

Katze
el gato

Maus
el ratón

Ochse
el buey

Hund
el perro

Hundehütte
la cucha

Gartenschlauch
la manguera

Gießkanne
la regadera

Sense
la guadaña

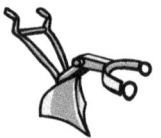

Pflug
el arado

Bauernhof - la granja

Sichel
la hoz

Hacke
la azada

Mistgabel
la horquilla

Axt
el hacha

Schubkarre
la carretilla

Trog
el abrevadero

Milchkanne
la lechera

Sack
la bolsa

Zaun
la verja

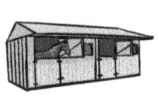

Stall
el establo

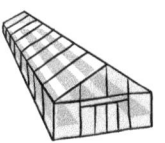

Treibhaus
el invernadero

Boden
el suelo

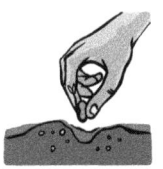

Saat
la semilla

Dünger
el fertilizador

Mähdrescher
la cosechadora

Bauernhof - la granja

ernten
cosechar

Ernte
la cosecha

Yamswurzel
las batatas

Weizen
el trigo

Soja
la soja

Erdapfel
la papa

Mais
el maíz

Raps
la semilla de colza

Obstbaum
el árbol frutal

Maniok
la mandioca

Getreide
las cereales

Bauernhof - la granja

Haus
la casa

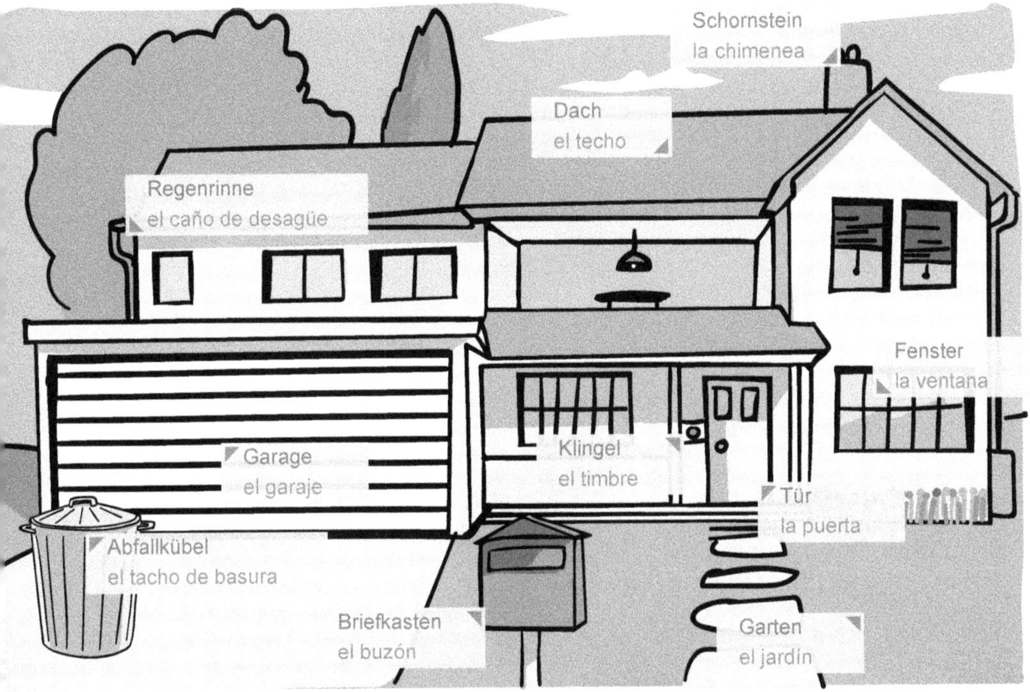

- Schornstein — la chimenea
- Dach — el techo
- Regenrinne — el caño de desagüe
- Fenster — la ventana
- Garage — el garaje
- Klingel — el timbre
- Tür — la puerta
- Abfallkübel — el tacho de basura
- Briefkasten — el buzón
- Garten — el jardín

Wohnzimmer
el living

Badezimmer
el baño

Küche
la cocina

Schlafzimmer
el dormitorio

Kinderzimmer
el cuarto de los chicos

Esszimmer
el comedor

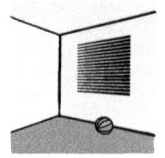
Boden
el piso

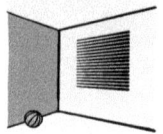
Wand
la pared

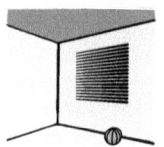
Decke
el cielorraso

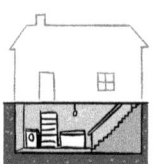
Keller
el sótano

Sauna
el sauna

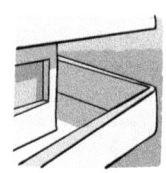
Balkon
el balcón

Terrasse
la terraza

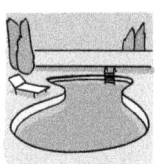
Schwimmbad
la pileta

Rasenmäher
la cortadora de pasto

Bettbezug
la sábana

Bettdecke
la colcha

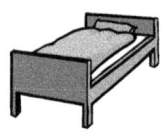
Bett
la cama

Besen
la escoba

Kübel
el balde

Schalter
el interruptor

Haus - la casa

Wohnzimmer
el living

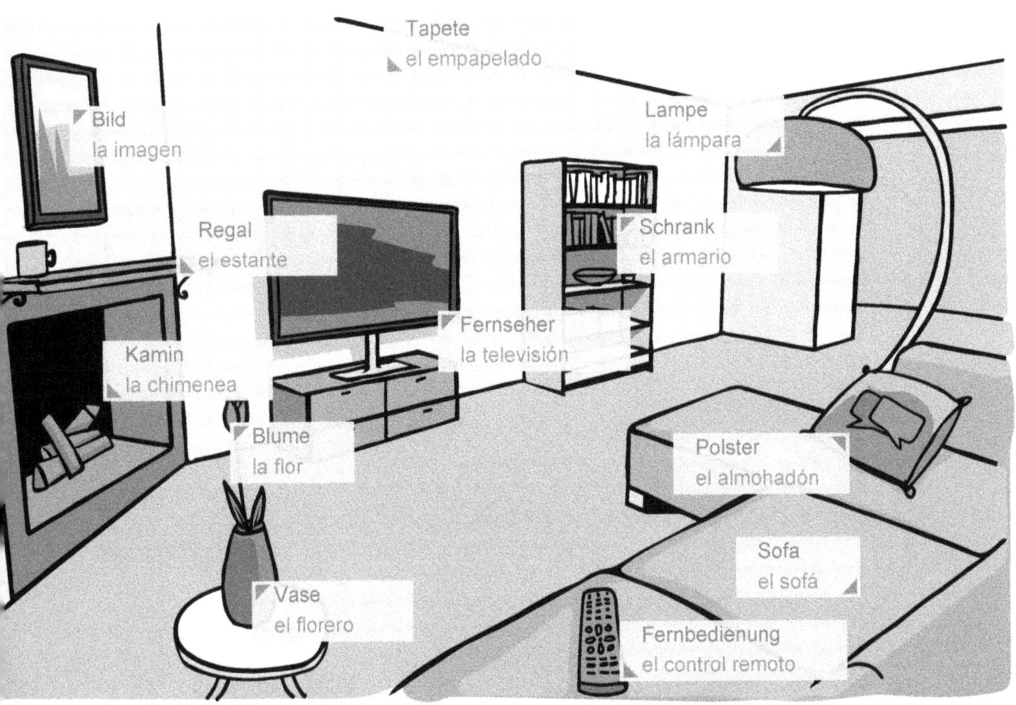

- Tapete — el empapelado
- Bild — la imagen
- Lampe — la lámpara
- Regal — el estante
- Schrank — el armario
- Kamin — la chimenea
- Fernseher — la televisión
- Blume — la flor
- Polster — el almohadón
- Vase — el florero
- Sofa — el sofá
- Fernbedienung — el control remoto

Teppich
la alfombra

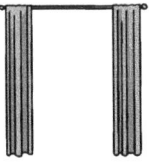

Vorhang
la cortina

Tisch
la mesa

Sessel
la silla

Schaukelstuhl
la mecedora

Sessel
el sillón

Buch	Decke	Dekoration
el libro	la frazada	la decoración

Feuerholz	Film	Stereoanlage
la leña	la película	el equipo de música

Schlüssel	Zeitung	Gemälde
la llave	el diario	la pintura

Poster	Radio	Notizblock
el póster	la radio	el cuaderno

Staubsauger	Kaktus	Kerze
la aspiradora	el cactus	la vela

Küche
la cocina

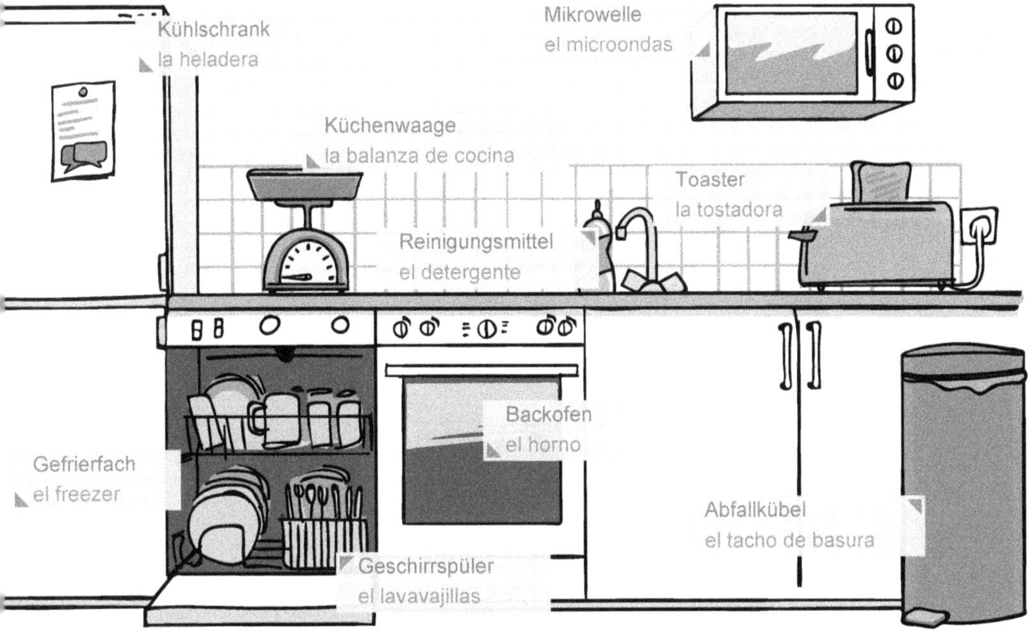

Kühlschrank — la heladera

Mikrowelle — el microondas

Küchenwaage — la balanza de cocina

Toaster — la tostadora

Reinigungsmittel — el detergente

Backofen — el horno

Gefrierfach — el freezer

Abfallkübel — el tacho de basura

Geschirrspüler — el lavavajillas

Herd
cocina

Topf
la olla

Eisentopf
la olla de hierro fundido

Wok / Kadai
el wok

Pfanne
la sartén

Wasserkocher
la pava

Küche - la cocina

Dampfgarer

la vaporera

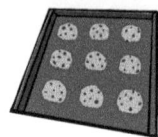

Backblech

la bandeja de horno

Geschirr

la vajilla

Becher

la taza

Schale

el bol

Essstäbchen

los palitos

Schöpflöffel

el cucharón

Pfannenwender

la espumadera

Schneebesen

la batidora

Kochsieb

el colador

Sieb

el colador

Reibe

el rallador

Mörser

el mortero

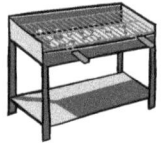

Grill

la parrilla

Kaminfeuer

la fogata

Küche - la cocina

Schneidebrett
la tabla de picar

Nudelholz
el palo de amasar

Korkenzieher
el sacacorchos

Dose
la lata

Dosenöffner
el abrelatas

Topflappen
la manopla

Waschbecken
la pileta

Bürste
el cepillo

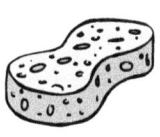
Schwamm
la esponja

Mixer
la batidora

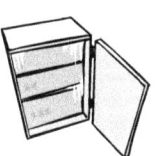
Gefriertruhe
el congelador

Babyflasche
la mamadera

Wasserhahn
la canilla

Küche - la cocina

Badezimmer
el baño

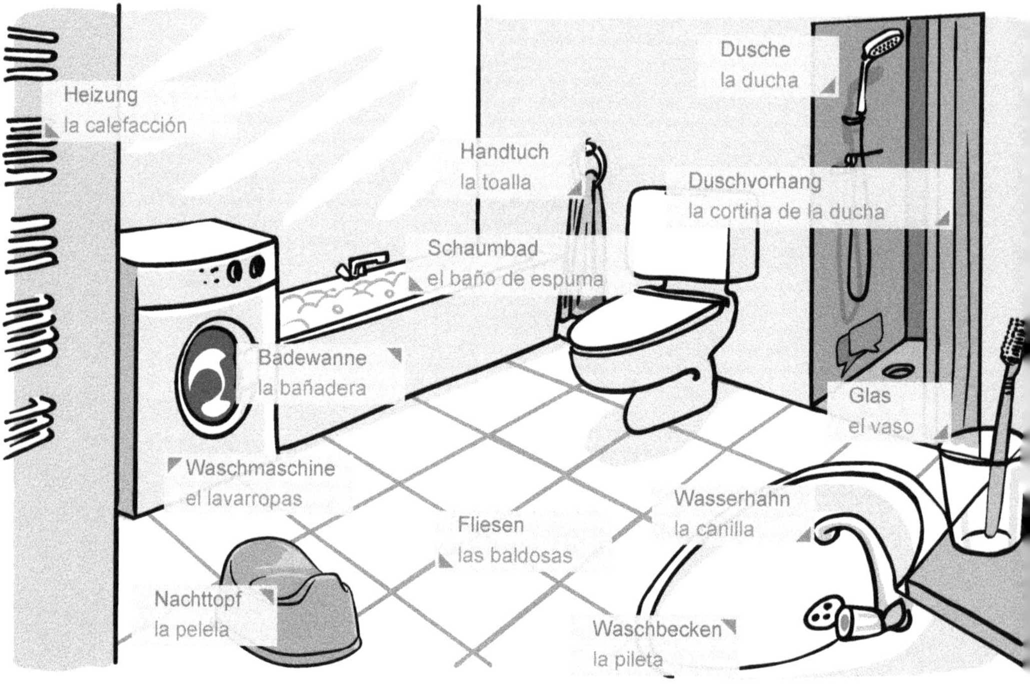

Heizung — la calefacción
Dusche — la ducha
Handtuch — la toalla
Duschvorhang — la cortina de la ducha
Schaumbad — el baño de espuma
Badewanne — la bañadera
Glas — el vaso
Waschmaschine — el lavarropas
Wasserhahn — la canilla
Fliesen — las baldosas
Nachttopf — la pelela
Waschbecken — la pileta

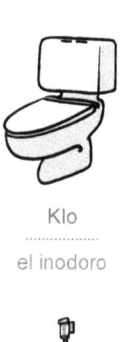

Klo
el inodoro

Hocktoilette
la letrina

Bidet
el bidé

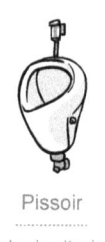

Pissoir
el mingitorio

Klopapier
el papel higiénico

Klobürste
el cepillo para el inodoro

Zahnbürste
el cepillo de dientes

Zahnpasta
el dentifrico

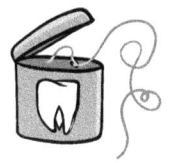
Zahnseide
el hilo dental

waschen
lavar

Handbrause
la ducha de mano

Intimdusche
la ducha higiénica

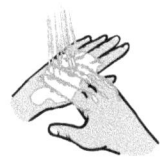
Waschschüssel
la palangana

Rückenbürste
el cepillo para la espalda

Seife
el jabón

Duschgel
el gel de ducha

Shampoo
el champú

Waschlappen
la toallita

Abfluss
el desagüe

Creme
la crema

Deodorant
el desodorante

Badezimmer - el baño

Spiegel
el espejo

Kosmetikspiegel
el espejito

Rasierer
la maquinita de afeitar

Rasierschaum
la espuma de afeitar

Rasierwasser
la loción para después de afeitarse

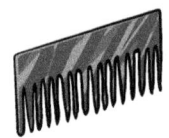

Kamm
el peine

Bürste
el cepillo

Föhn
el secador de pelo

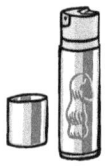

Haarspray
el spray

Makeup
el maquillaje

Lippenstift
el lápiz de labios

Nagellack
el esmalte para uñas

Watte
el algodón

Nagelschere
la tijera para uñas

Parfum
el perfume

Badezimmer - el baño

Kulturbeutel
el neceser

Hocker
la banqueta

Waage
la balanza

Bademantel
la bata

Gummihandschuhe
los guantes de goma

Tampon
el tampón

Damenbinde
la toallita femenina

Chemietoilette
el baño químico

Badezimmer - el baño

Kinderzimmer
el cuarto de los chicos

Wecker — el despertador
Kuscheltier — el peluche
Spielzeugauto — el coche de juguete
Rassel — el sonajero
Puppenhaus — la casa de muñecas
Geschenk — el regalo

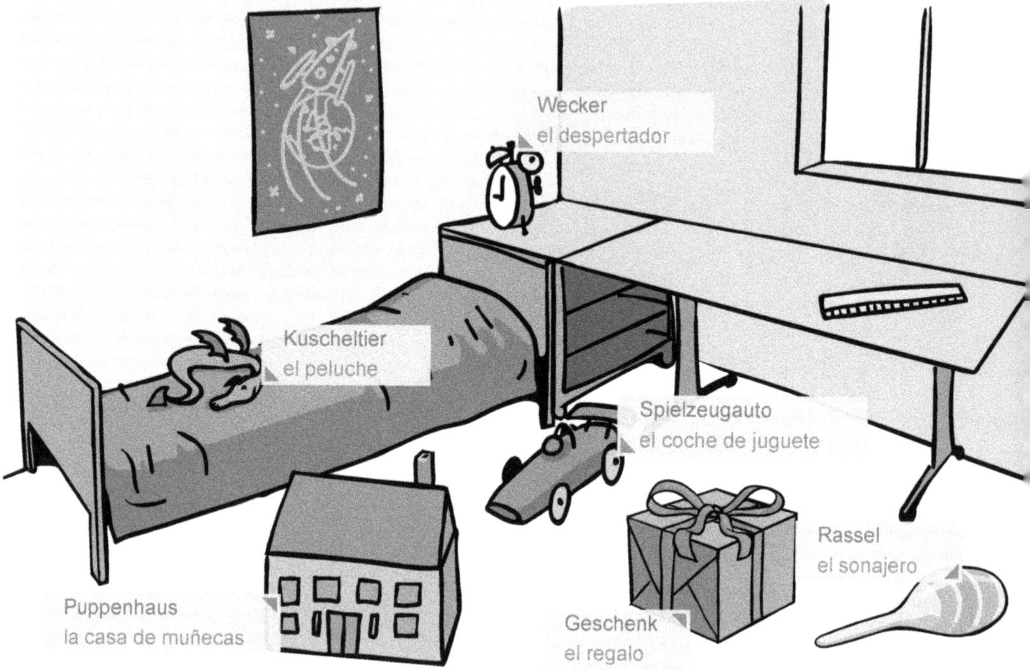

Ballon
el globo

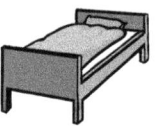

Bett
la cama

Kinderwagen
el cochecito

Kartenspiel
las cartas

Puzzle
el rompecabezas

Comic
la historieta

Kinderzimmer - el cuarto de los chicos

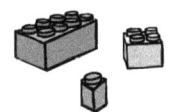

Legosteine
las piezas de lego

Bausteine
los ladrillos de juguete

Actionfigur
la figura de acción

Strampelanzug
el enterito de bebé

Frisbee
el frisbee

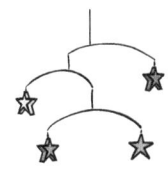

Mobile
el móvil para bebés

Brettspiel
ei juego de mesa

Würfel
los dados

Modelleisenbahn
el tren eléctrico

Schnuller
el maniquí

Party
la fiesta

Bilderbuch
el libro de cuentos ilustrado

Ball
la pelota

Puppe
la muñeca

spielen
jugar

Kinderzimmer - el cuarto de los chicos

Sandkasten
el arenero

Schaukel
la hamaca

Spielzeug
los juguetes

Spielkonsole
la consola de videojuegos

Dreirad
el triciclo

Teddy
el osito de peluche

Kleiderschrank
el ropero

Kleidung
la ropa

Socken
las medias

Strümpfe
las medias panty

Strumpfhose
las calzas

Schal
la bufanda

Regenschirm
el paraguas

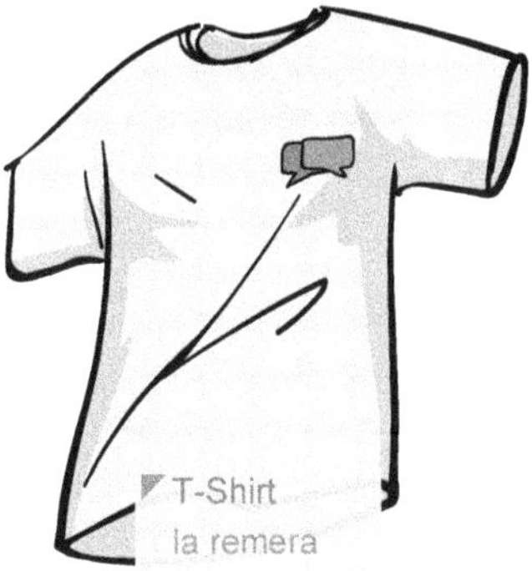

T-Shirt
la remera

Gürtel
el cinturón

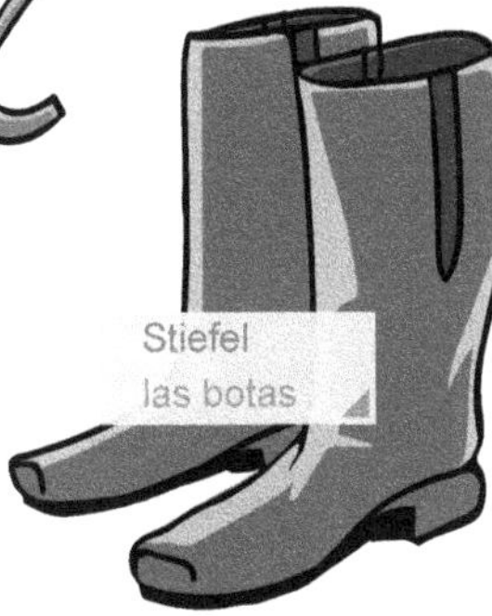

Stiefel
las botas

Hausschuhe
las pantuflas

Turnschuhe
las zapatillas

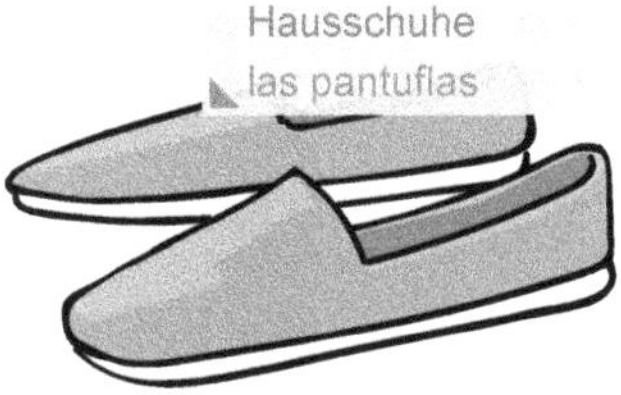

Sandalen

las sandalias

Schuhe

los zapatos

Gummistiefel

las botas de goma

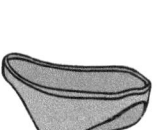

Unterhose

la ropa interior

Büstenhalter

el corpiño

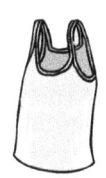

Unterhemd

el chaleco

Body

el body

Hose

los pantalones

Jeans

los jeans

Rock

la pollera

Bluse

la blusa

Hemd

la camisa

Pullover

el pulóver

Kapuzenpullover

el buzo con capucha

Blazer

el blazer

Jacke

la campera

Mantel

el tapado

Regenmantel

el piloto

Kostüm

el traje

Kleid

el vestido

Hochzeitskleid

el vestido de novia

Kleidung - la ropa

Anzug

el traje

Nachthemd

el camisón

Pyjama

el pijama

Sari

el sari

Kopftuch

el pañuelo para la cabeza

Turban

el turbante

Burka

la burka

Kaftan

el caftán

Abaya

la abaya

Badeanzug

el traje de baño

Badehose

el short de baño

kurze Hose

los shorts

Jogginganzug

el jogging

Schürze

el delantal

Handschuhe

los guantes

Kleidung - la ropa

Knopf
el botón

Brille
los anteojos

Armband
la pulsera

Halskette
el collar

Ring
el anillo

Ohrring
el aro

Mütze
la gorra

Kleiderbügel
la percha

Hut
el sombrero

Krawatte
la corbata

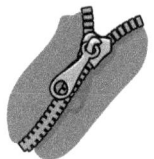
Reißverschluss
el cierre

Helm
el casco

Hosenträger
los tiradores

Schuluniform
el uniforme escolar

Uniform
el uniforme

Kleidung - la ropa

Lätzchen
el babero

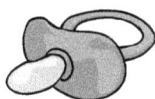
Schnuller
el maniquí

Windel
el pañal

Büro
la oficina

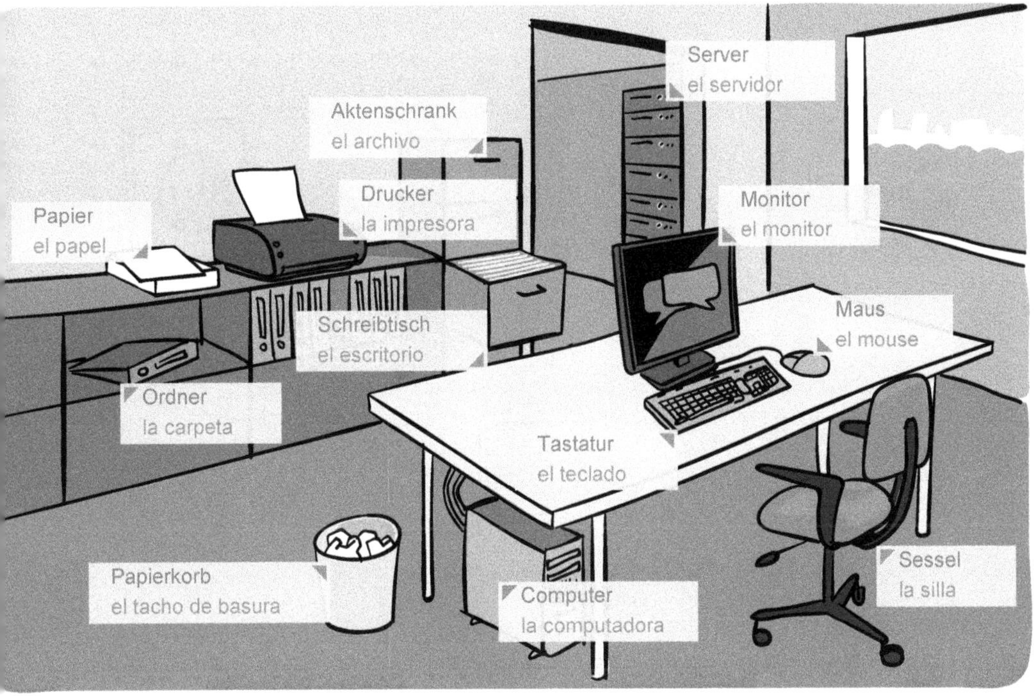

- Server — el servidor
- Aktenschrank — el archivo
- Drucker — la impresora
- Papier — el papel
- Monitor — el monitor
- Schreibtisch — el escritorio
- Maus — el mouse
- Ordner — la carpeta
- Tastatur — el teclado
- Papierkorb — el tacho de basura
- Computer — la computadora
- Sessel — la silla

Kaffeebecher
la taza de café

Taschenrechner
la calculadora

Internet
el internet

Laptop

la laptop

Brief

la carta

Nachricht

el mensaje

Handy

el celular

Netzwerk

la red

Kopierer

la fotocopiadora

Software

el software

Telefon

el teléfono

Steckdose

el tomacorriente

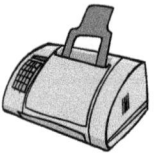

Fax

el fax

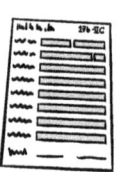

Formular

el formulario

Dokument

el documento

Büro - la oficina

Wirtschaft
la economía

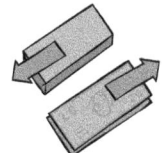
kaufen
comprar

bezahlen
pagar

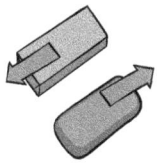
handeln
hacer negocios

Geld
el dinero

Dollar
el dólar

Euro
el euro

Yen
el yen

Rubel
el rublo

Franken
el franco suizo

Renminbi Yuan
el yuan

Rupie
la rupia

Bankomat
el cajero automático

Wechselstube
la casa de cambio

Gold
el oro

Silber
la plata

Öl
el petróleo

Energie
la energía

Preis
el precio

Vertrag
el contrato

Steuer
el impuesto

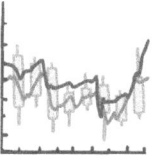
Aktie
la acción

arbeiten
trabajar

Angestellte
el empleado

Arbeitgeber
el empleador

Fabrik
la fábrica

Geschäft
el negocio

Wirtschaft - la economía

Berufe
las ocupaciones

Polizist — el policía
Feuerwehrmann — el bombero
Koch — el cocinero
Ärztin — el médico
Pilot — el piloto

Gärtner
el jardinero

Tischler
el carpintero

Schneiderin
la modista

Richter
el juez

Chemikerin
el farmacéutico

Schauspieler
el actor

Busfahrer
el colectivero

Taxifahrer
el taxista

Fischer
el pescador

Putzfrau
la mucama

Dachdecker
el techista

Kellner
el mozo

Jäger
el cazador

Maler
el pintor

Bäcker
el panadero

Elektriker
el electricista

Bauarbeiter
el albañil

Ingenieur
el ingeniero

Schlachter
el carnicero

Installateur
el plomero

Briefträgerin
el cartero

Berufe - las ocupaciones

Soldat
el soldado

Architekt
el arquitecto

Kassiererin
el cajero

Blumenhändlerin
el florista

Friseur
el peluquero

Schaffner
el cobrador

Mechaniker
el mecánico

Kapitän
el capitán

Zahnärztin
el dentista

Wissenschaftler
el científico

Rabbi
el rabino

Imam
el imán

Mönch
el monje

Pfarrer
el sacerdote

Berufe - las ocupaciones

Werkzeuge
las herramientas

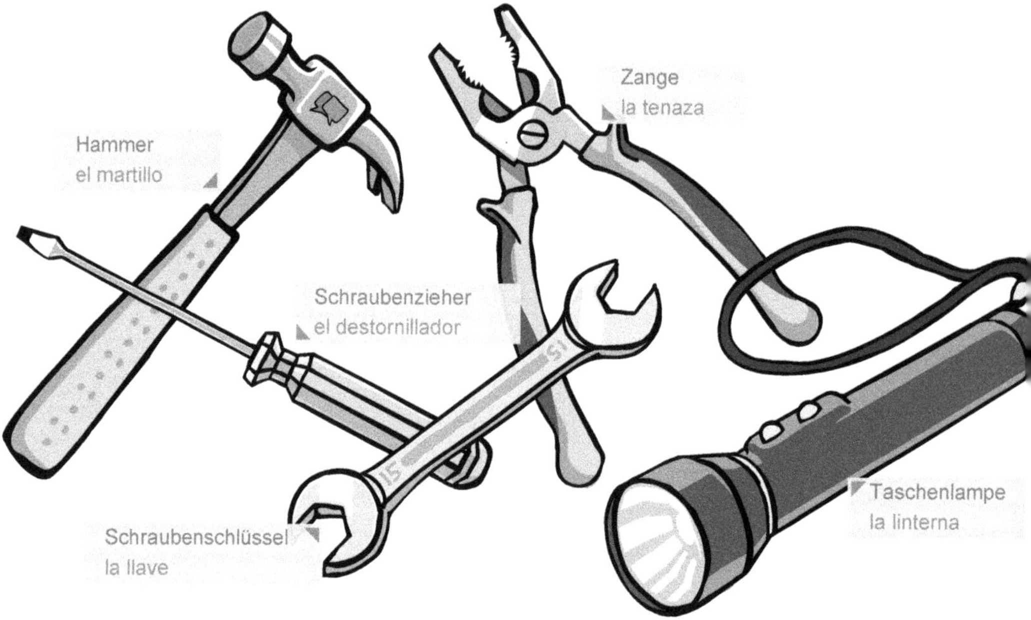

Hammer — el martillo

Zange — la tenaza

Schraubenzieher — el destornillador

Schraubenschlüssel — la llave

Taschenlampe — la linterna

Bagger
la excavadora

Werkzeugkasten
la caja de herramientas

Leiter
la escalera portátil

Säge
la sierra

Nägel
los clavos

Bohrer
el taladro

reparieren
arreglar

Schaufel
la pala de jardín

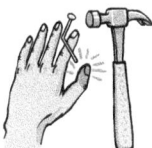
Scheiße!
¡Qué bronca!

Kehrschaufel
la pala de plástico

Farbtopf
el tacho de pintura

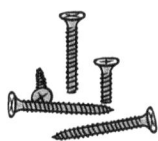
Schrauben
los tornillos

Musikinstrumente
los instrumentos musicales

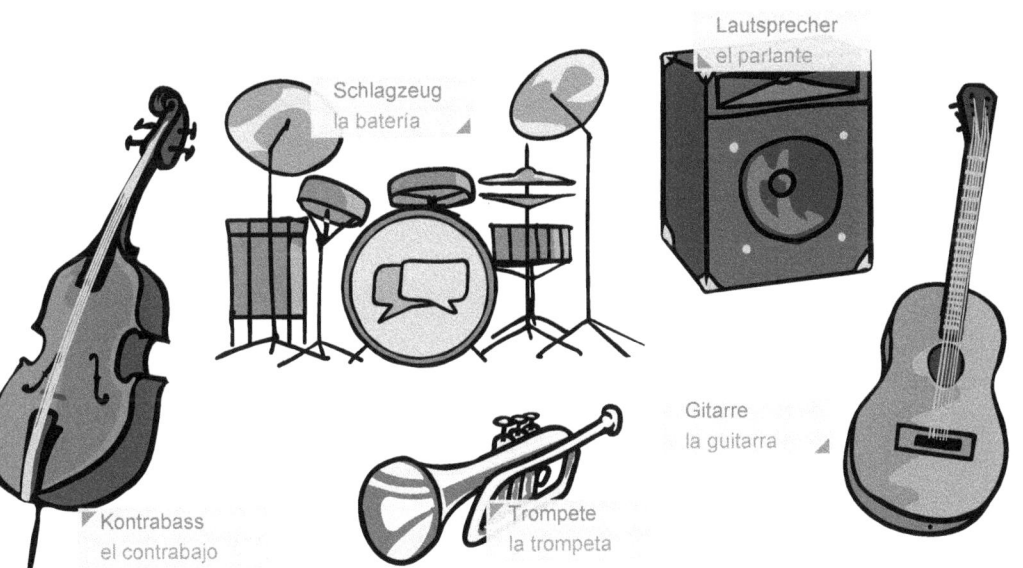

Schlagzeug — la batería
Lautsprecher — el parlante
Gitarre — la guitarra
Kontrabass — el contrabajo
Trompete — la trompeta

Klavier
el piano

Violine
el violín

Bass
el bajo

Pauke
los timbales

Trommeln
el tambor

Tastatur
el teclado

Saxophon
el saxofón

Flöte
la flauta

Mikrofon
el micrófono

Musikinstrumente - los instrumentos musicales

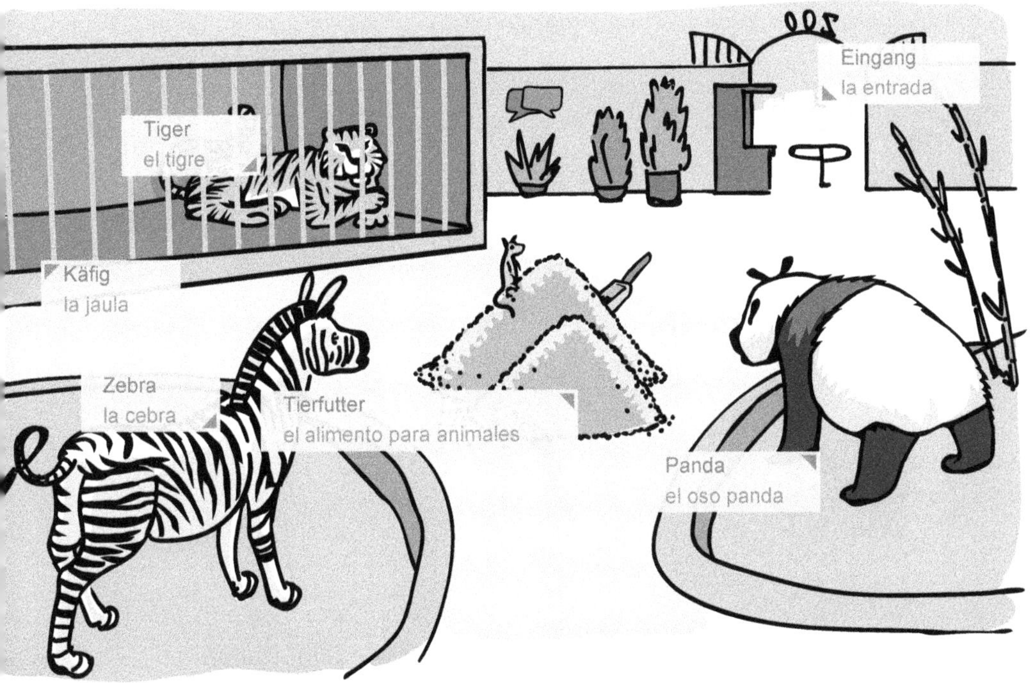

Zoo
el zoológico

- Eingang — la entrada
- Tiger — el tigre
- Käfig — la jaula
- Zebra — la cebra
- Tierfutter — el alimento para animales
- Panda — el oso panda

Tiere
los animales

Elefant
el elefante

Känguru
el canguro

Nashorn
el rinoceronte

Gorilla
el gorila

Bär
el oso

Kamel
el camello

Strauß
el avestruz

Löwe
el león

Affe
el mono

Flamingo
el flamenco

Papagei
el loro

Eisbär
el oso polar

Pinguin
el pingüino

Hai
el tiburón

Pfau
el pavo real

Schlange
la serpiente

Krokodil
el cocodrilo

Zoowärter
el cuidador del zoológico

Robbe
la foca

Jaguar
el jaguar

Zoo - el zoológico

Pony

el poni

Leopard

el leopardo

Nilpferd

el hipopótamo

Giraffe

la jirafa

Adler

el águila

Wildschwein

el jabalí

Fisch

el pescado

Schildkröte

la tortuga

Walross

la morsa

Fuchs

el zorro

Gazelle

la gacela

Zoo - el zoológico

Sport
los deportes

Aktivitäten
las actividades

springen / saltar
umarmen / abrazar
lachen / reír
singen / cantar
gehen / caminar
beten / rezar
küssen / besar
träumen / soñar

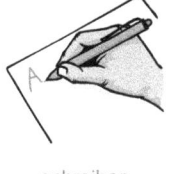

schreiben
escribir

zeichnen
dibujar

zeigen
mostrar

drücken
presionar

geben
dar

nehmen
tomar

haben tener	machen hacer	sein ser

stehen estar parado	laufen correr	ziehen tirar

werfen tirar	fallen caer	liegen estar acostado

warten esperar	tragen llevar	sitzen estar sentado

anziehen vestirse	schlafen dormir	aufwachen despertar

Aktivitäten - las actividades

ansehen
mirar

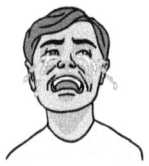

weinen
llorar

streicheln
acariciar

frisieren
peinar

reden
hablar

verstehen
entender

fragen
preguntar

hören
escuchar

trinken
beber

essen
comer

zusammenräumen
ordenar

lieben
amar

kochen
cocinar

fahren
manejar

fliegen
volar

Aktivitäten - las actividades

segeln
navegar

rechnen
calcular

lesen
leer

lernen
aprender

arbeiten
trabajar

heiraten
casarse

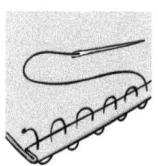
nähen
coser

Zähne putzen
cepillarse los dientes

töten
matar

rauchen
fumar

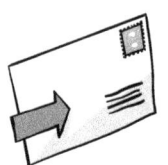
senden
enviar

Aktivitäten - las actividades

Familie
la familia

- Großmutter — la abuela
- Großvater — el abuelo
- Vater — el padre
- Mutter — la madre
- Baby — el bebé
- Tochter — la hija
- Sohn — el hijo

Gast
el invitado

Tante
la tía

Onkel
el tío

Bruder
el hermano

Schwester
la hermana

Körper
el cuerpo

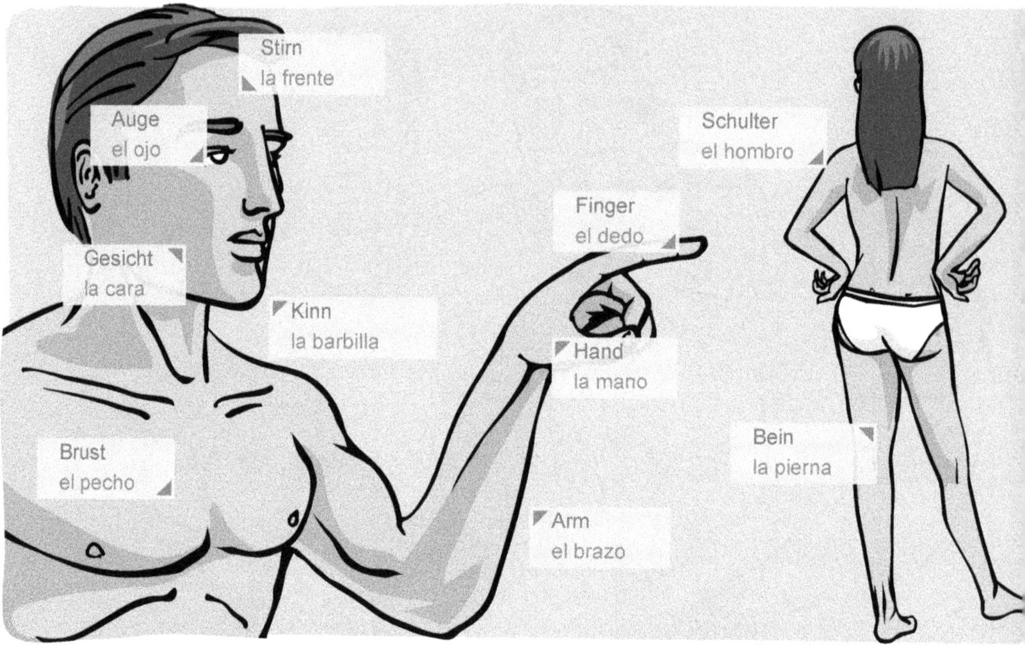

Stirn — la frente
Auge — el ojo
Gesicht — la cara
Kinn — la barbilla
Brust — el pecho
Schulter — el hombro
Finger — el dedo
Hand — la mano
Arm — el brazo
Bein — la pierna

Baby
el bebé

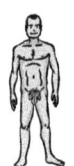

Mann
el hombre

Frau
la mujer

Mädchen
la nena

Junge
el nene

Kopf
la cabeza

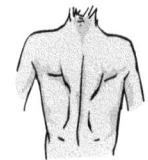

Rücken

la espalda

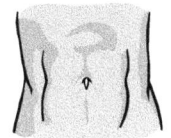

Bauch

la barriga

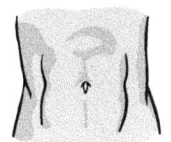

Nabel

el ombligo

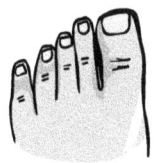

Zeh

el dedo del pie

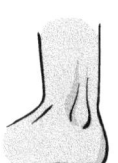

Ferse

el talón

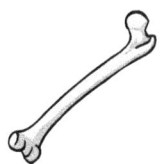

Knochen

el hueso

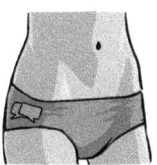

Hüfte

la cadera

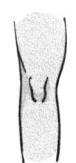

Knie

la rodilla

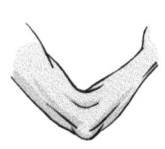

Ellbogen

el codo

Nase

la nariz

Gesäß

el trasero

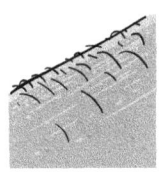

Haut

la piel

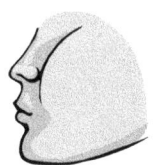

Wange

la mejilla

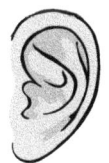

Ohr

la oreja

Lippe

el labio

Körper - el cuerpo

Mund
la boca

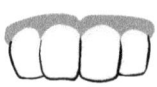

Zahn
el diente

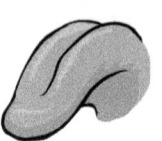

Zunge
la lengua

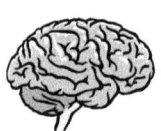

Gehirn
el cerebro

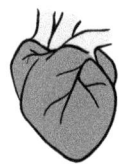

Herz
el corazón

Muskel
el músculo

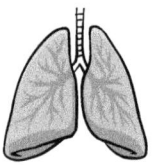

Lunge
el pulmón

Leber
el hígado

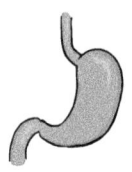

Magen
el estómago

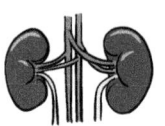

Nieren
los riñones

Geschlechtsverkehr
el sexo

Kondom
el preservativo

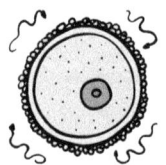

Eizelle
el óvulo

Sperma
el semen

Schwangerschaft
el embarazo

Körper - el cuerpo

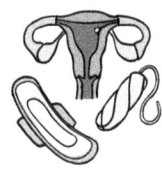
Menstruation
la menstruación

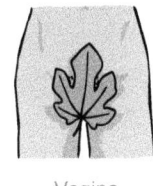
Vagina
la vagina

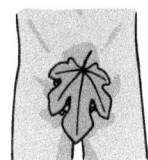
Penis
el pene

Augenbraue
la ceja

Haar
el pelo

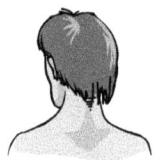
Hals
el cuello

Spital
el hospital

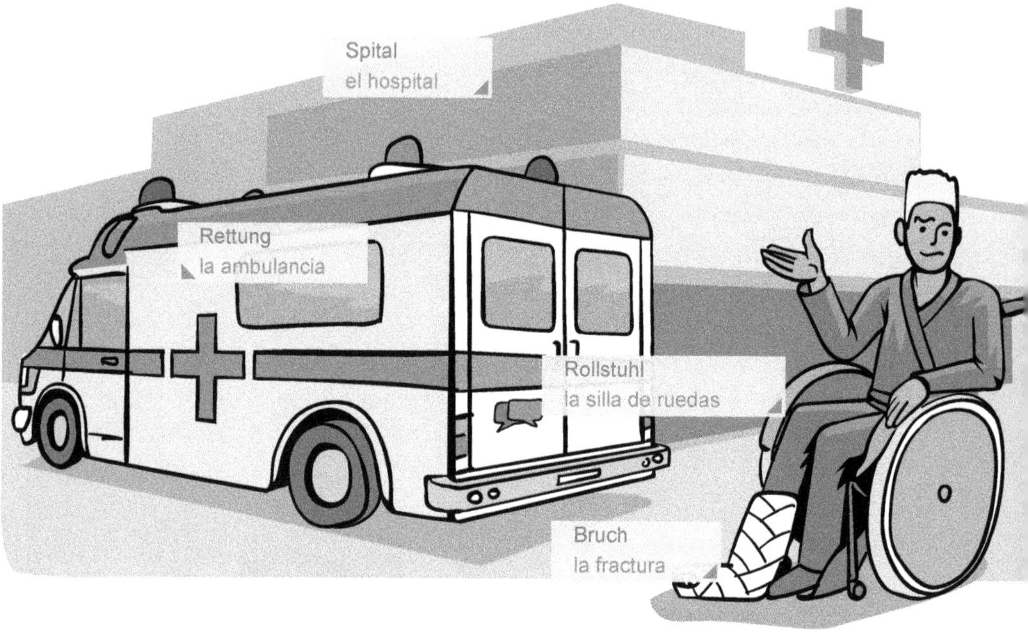

- Spital — el hospital
- Rettung — la ambulancia
- Rollstuhl — la silla de ruedas
- Bruch — la fractura

Ärztin
el médico

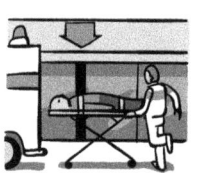

Notaufnahme
la sala de guardia

Krankenschwester
la enfermera

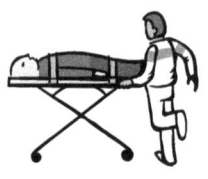

Notfall
la emergencia

ohnmächtig
inconsciente

Schmerz
el dolor

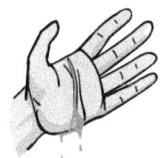
Verletzung
la lesión

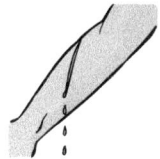
Blutung
la hemorragia

Herzinfarkt
el infarto

Schlaganfall
el ACV

Allergie
la alergia

Husten
la tos

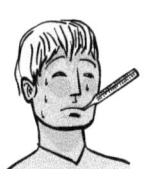
Fieber
la fiebre

Grippe
la gripe

Durchfall
la diarrea

Kopfschmerzen
el dolor de cabeza

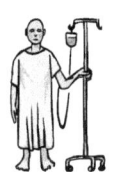
Krebs
el cáncer

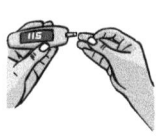
Diabetes
la diabetes

Chirurg
el cirujano

Skalpell
el bisturí

Operation
la operación

Spital - el hospital

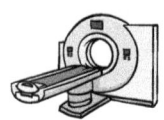

CT
la TC

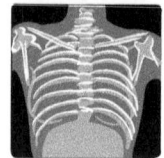

Röntgen
los rayos x

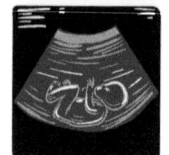

Ultraschall
la ecografía

Maske
la mascarilla

Krankheit
la enfermedad

Wartezimmer
la sala de espera

Krücke
la muleta

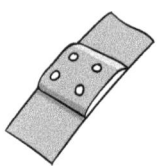

Pflaster
la curita

Verband
la venda

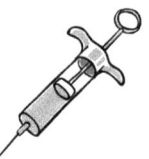

Injektion
la inyección

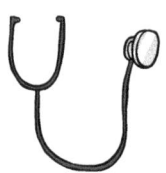

Stethoskop
el estetoscopio

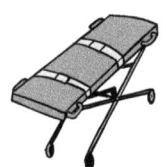

Trage
la camilla

Thermometer
el termómetro

Geburt
el nacimiento

Übergewicht
el sobrepeso

Spital - el hospital

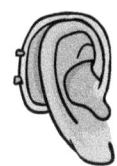
Hörgerät
el audífono

Desinfektionsmittel
el desinfectante

Infektion
la infección

Virus
el virus

HIV / AIDS
el VIH / SIDA

Medizin
el remedio

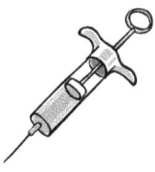
Impfung
la vacunación

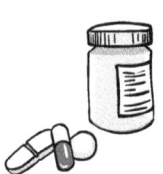
Tabletten
los comprimidos

Pille
la pastilla anticonceptiva

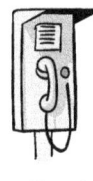
Notruf
el llamado de emergencia

Blutdruckmesser
el tensiómetro

krank / gesund
enfermo / sano

Spital - el hospital

Notfall
la emergencia

Hilfe!
¡Auxilio!

Alarm
la alarma

Überfall
la agresión

Angriff
el ataque

Gefahr
el peligro

Notausgang
la salida de emergencia

Feuer!
¡Fuego!

Feuerlöscher
el extintor

Unfall
el accidente

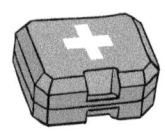
Erste-Hilfe-Koffer
el botiquín de primeros auxilios

SOS
SOS

Polizei
la policía

Erde
la Tierra

Europa
Europa

Nordamerika
América del Norte

Südamerika
América del Sur

Afrika
África

Asien
Asia

Australien
Australia

Atlantik
el Atlántico

Pazifik
el Pacífico

Indische Ozean
el Océano Índico

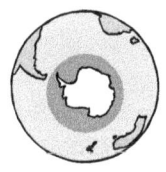

Antarktische Ozean
el Océano Antártico

Arktische Ozean
el Océano Ártico

Nordpol
el polo norte

Südpol
el polo sur

Antarktis
la Antártida

Erde
la Tierra

Land
la tierra

Meer
el mar

Insel
la isla

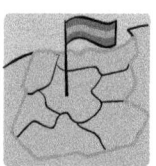
Nation
la nación

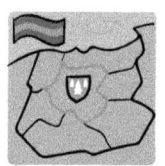
Staat
el estado

Uhr
el reloj

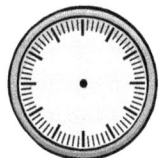
Ziffernblatt
la esfera

Stundenzeiger
la manecilla de las horas

Minutenzeiger
el minutero

Sekundenzeiger
el segundero

Wie spät ist es?
¿Qué hora es?

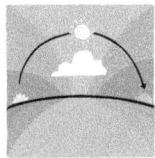
Tag
el día

Zeit
la hora

jetzt
ahora

Digitaluhr
el reloj digital

Minute
el minuto

Stunde
la hora

Woche
la semana

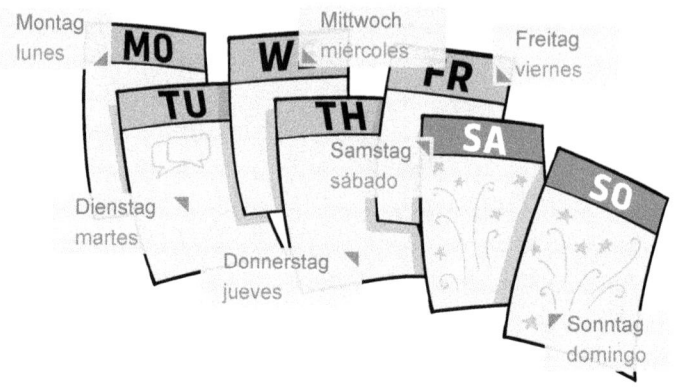

Montag / lunes
Mittwoch / miércoles
Freitag / viernes
Dienstag / martes
Donnerstag / jueves
Samstag / sábado
Sonntag / domingo

gestern
ayer

heute
hoy

morgen
mañana

Morgen
la mañana

Mittag
el mediodía

Abend
la tarde

Arbeitstage
los días hábiles

Wochenende
el fin de semana

Jahr
el año

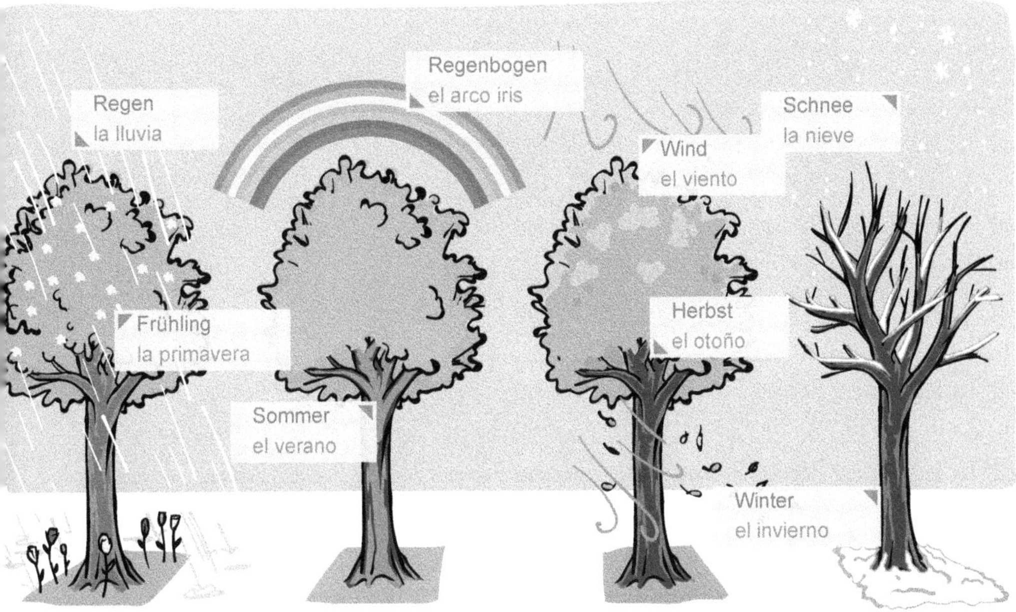

- Regen — la lluvia
- Regenbogen — el arco iris
- Schnee — la nieve
- Wind — el viento
- Frühling — la primavera
- Sommer — el verano
- Herbst — el otoño
- Winter — el invierno

Wettervorhersage

el pronóstico meteorológico

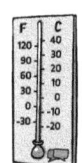

Thermometer

el termómetro

Sonnenschein

la luz del sol

Wolke

la nube

Nebel

la niebla

Luftfeuchtigkeit

la humedad

Blitz
el rayo

Donner
el trueno

Sturm
la tormenta

Hagel
el granizo

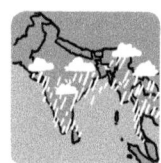
Monsun
el monzón

Flut
la inundación

Eis
el hielo

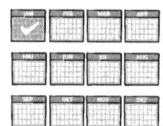
Jänner
enero

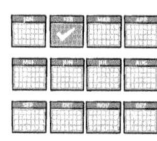
Februar
febrero

März
marzo

April
abril

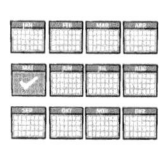
Mai
mayo

Juni
junio

Juli
julio

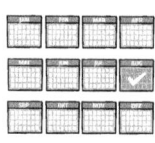
August
agosto

Jahr - el año

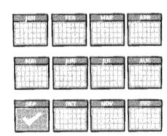
September
septiembre

Oktober
octubre

November
noviembre

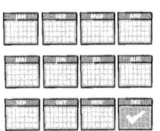
Dezember
diciembre

Formen
las formas

Kreis
el círculo

Quadrat
el cuadrado

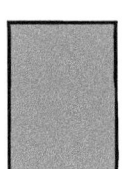
Rechteck
el rectángulo

Dreieck
el triángulo

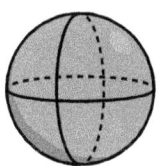
Kugel
la esfera

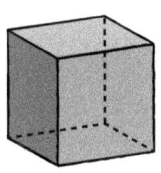
Würfel
el cubo

Farben
colores

weiß	gelb	orange
blanco	amarillo	naranja

pink	rot	lila
rosa	rojo	violeta

blau	grün	braun
azul	verde	marrón

grau	schwarz
gris	negro

Gegenteile
los opuestos

viel / wenig
mucho / poco

wütend / friedlich
enojado / tranquilo

hübsch / hässlich
lindo / feo

Anfang / Ende
el principio / el fin

groß / klein
grande / chico

hell / dunkel
claro / oscuro

Bruder / Schwester
el hermano / la hermana

sauber / schmutzig
limpio / sucio

vollständig / unvollständig
completo / incompleto

Tag / Nacht
el día / la noche

tot / lebendig
muerto / vivo

breit / schmal
ancho / angosto

genießbar / ungenießbar

comestible / no comestible

böse / freundlich

malo / amable

aufgeregt / gelangweilt

entusiasmado / aburrido

dick / dünn

gordo / flaco

zuerst / zuletzt

primero / último

Freund / Feind

el amigo / el enemigo

voll / leer

lleno / vacio

hart / weich

duro / blando

schwer / leicht

pesado / liviano

Hunger / Durst

el hambre / la sed

krank / gesund

enfermo / sano

illegal / legal

ilegal / legal

gescheit / dumm

inteligente / estúpido

links / rechts

izquierda / derecha

nah / fern

cerca / lejos

neu / gebraucht
nuevo / usado

nichts / etwas
nada / algo

alt / jung
viejo / joven

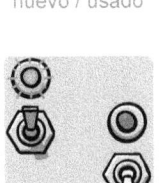
an / aus
encendido / apagado

offen / geschlossen
abierto / cerrado

leise / laut
silencioso / ruidoso

reich / arm
rico / pobre

richtig / falsch
correcto / incorrecto

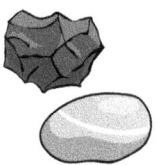
rau / glatt
áspero / suave

traurig / glücklich
triste / contento

kurz / lang
corto / largo

langsam / schnell
lento / rápido

nass / trocken
mojado / seco

warm / kühl
caliente / frío

Krieg / Frieden
guerra / paz

Gegenteile - los opuestos

Zahlen
los números

0
null
cero

1
eins
uno

2
zwei
dos

3
drei
tres

4
vier
cuatro

5
fünf
cinco

6
sechs
seis

7
sieben
siete

8
acht
ocho

9
neun
nueve

10
zehn
diez

11
elf
once

12 zwölf / doce	**13** dreizehn / trece	**14** vierzehn / catorce
15 fünfzehn / quince	**16** sechzehn / dieciséis	**17** siebzehn / diecisiete
18 achtzehn / dieciocho	**19** neunzehn / diecinueve	**20** zwanzig / veinte
100 hundert / cien	**1.000** tausend / mil	**1.000.000** Million / el millón

Zahlen - los números

Sprachen
los idiomas

Englisch
el inglés

Amerikanisches Englisch
el inglés americano

Chinesisch (Mandarin)
el chino mandarín

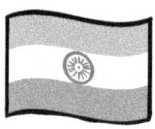

Hindi
el hindi

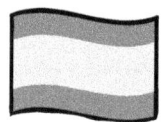

Spanisch
el español

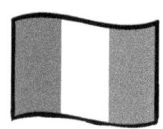

Französisch
el francés

Arabisch
el árabe

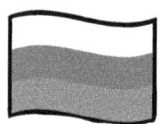

Russisch
el ruso

Portugiesisch
el portugués

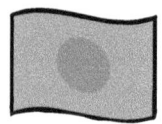

Bengalisch
el bengalí

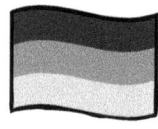

Deutsch
el alemán

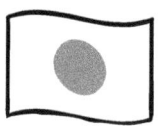

Japanisch
el japonés

wer / was / wie
quién / qué / cómo

ich
yo

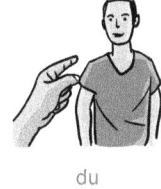
du
tú

er / sie / es
él / ella

wir
nosotros

ihr
ustedes

sie
ellos

Wer?
¿quién?

Was?
¿qué?

Wie?
¿cómo?

Wo?
¿dónde?

Wann?
¿cuándo?

Name
el nombre

wo
dónde

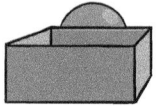

hinter
detrás

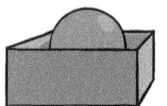

in
en

vor
adelante de

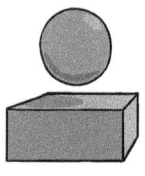

über
por encima de

auf
sobre

unter
debajo de

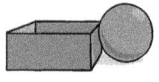

neben
al lado de

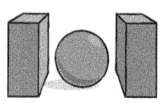

zwischen
entre

Ort
el lugar

Lightning Source UK Ltd.
Milton Keynes UK
UKHW021259121120
373269UK00009B/272